AF614652

Exemplaire N° 82

École de Guerre Navale

Année 1924

Les expéditions contre Formose

(Japonais 1874 - Français 1884-85 - Japonais 1895.)

Travail de Monsieur

le Lieutenant de Vaisseau G. REBOUL

Ecole de Guerre Navale

1923 - 1924

-:-:-:-:-:-

LES EXPEDITIONS CONTRE FORMOSE

(Japonais 1874 - Français 1884-1885 - Japonais 1895)

-:-:-:-:-:-:-

Travail de Monsieur
le Lieutenant de Vaisseau
G. R E B O U L.

TABLE DES MATIERES

-:-:-:-:-:-:-:-

B I B L I O G R A P H I E

	Abréviations de référence
Imbault - Huart : " Formose "	I.H.
Maurice Loir :"L'escadre de l'amiral Courbet "	M.L.
Garnot : "Expédition française de Formose "	G
Sauvage : "La guerre Sino-Japonaise"	S
Cordier : "Relations de la Chine avec les Puissances Européennes"	R.C.
Planchut : "Formose et l'Expédition Japonaise" (Revue des deux Mondes 1874)	R.2.M.
Journal des Sciences Militaires : "Sinicœ res"(1895) (9° Série-tome Soixantième)	S.r
L.V. Jarry : " La Guerre Franco Chinoise (E.G.N.1928)	J

NOTA - Des renseignements intéressants auraient pu être recherchés aux Archives de la Marine, en particulier pour le Chapitre IV. A mon grand regret les inondations de Janvier 1924 ont nécessité l'évacuation des Archives et il ne m'a pas été possible de les consulter.

AVANT - PROPOS

-:-:-:-:-:-:-

Formose a toujours attiré les conquérants. Chinois, Portugais, Espagnols, Hollandais , Français, Japonais, en ont tour à tour tenté la conquête; les Allemands ont voulu l'acheter à la Chine vers 1871 (1). La plupart de ceux qui ont essayé de s'y implanter de vive force se sont heurtés à des difficultés considérables dues à la nature du terrain où les opérations militaires se déroulaient et aux conditions délicates de la navigation aux abords de l'île. Les progrès de la navigation à vapeur , le développement des relations économiques maritimes ont donné un nouvel intérêt à Formose et à leur annexe les îles Pescadores , l'intérêt stratégique d'une position flanquant le canal de Formose , route nécessaire de tout le commerce d' Extrême Orient.

Nous avons dans cette étude , avant tout géographique, examiné :

1° - Formose en elle-même , en insistant sur les caractères géographiques ou économiques qui ont influé sur les opérations militaires.

2° - Pour chacune des expéditions de 1874,1885,1895, les raisons qui ont décidé les Japonais ou les Français à entreprendre une action contre Formose, On a indiqué le déroulement des évènements sans insister sur le détail des opérations militaires mais en notant cependant l'influence exercée par le terrain sur les résultats obtenus.

Malheureusement le silence gardé par les Japonais sur le plan d'opérations qu'ils avaient conçu en 1895, sur les détails du dispositif de débarquement , le peu de documents imprimés relatifs à ces évènements (2) ne nous ont pas permis de donner au Chapitre IV le développement nécessaire à la mise en lumière de tous les faits évidemment féconds en enseignements de cette opération combinée si réussie. Il n'est que plus regrettable que nous n'ayons pu avoir accès aux archives de la Marine (3) où, dans la correspondance du C.A. de Beaumont, Commandant en 1895 la Division française des Mers de Chine , nous aurions probablement pu trouver des détails intéressants

-:-:-:-:-:-:-:-

---

(1) - I.H. page 449

(2)- Presque tous tirés des articles parus en 1896 dans la "Revue des Sciences Militaires " sous le titre de "Sinicœ Res"

(3) - A cause des inondations de Janvier 1924.

I - F O R M O S E

La position .-

Formose, "La Belle", ainsi baptisée au début du XVII° siècle par les Portugais émerveillés par la splendeur de sa végétation tropicale , s'étend sur 150 milles en face de la province Chinoise de Fo-Kien dont elle semble une partie détachée et dont elle reproduit les aspects.

Des deux côtés du détroit peu profond, mesurant 75 milles de large à la partie la plus resserrée et 120 dans le Sud ou il est le plus large, on retrouve le même système de côtes : la terre s'abaisse vers la mer par des plateaux étagés puis des plaines et se termine en dunes de sables ou, quelquefois, en escarpements rougeâtres.

L'aspect général .-

L'île est un des chaînons de la grande trainée volcanique qui s'étend du Kamtchatka à l'archipel malais. Elle se présente sous la forme d'un ovale allongé parcouru du nord au sud par une arête montagneuse, parfois double, plus rapprochée de la côte Est que de la côte Ouest; toute l'île est très accidentée, les roches éruptives, en soulevant l'ensemble du terrain primitif et primaire , l'ont disloqué en mille chainons.

Dans l'ensemble, de l'arête centrale divergent des branches perpendiculaires qui a l'extrémité nord deviennent plus fournies , plus divergentes et forment la patte d'oie (1). Toutes ces montagnes sont de hauteurs très inégales, des entailles profondes , fréquemment ramifiées, les pénètrent en tout sens.

La grande Chaîne, qui dépasse 4000 mètres au Mont Morrisson, tombe à l'Est abrupte et escarpée sur l'Océan qu'el le longe du nord au sud dans presque toute son étendue de côtes. A l'ouest des terrasses successives dévalent vers une plaine alluviale importante, large de 30 à 40 kilomètres, entrecoupée de collines et de monticules.

De très nombreuses rivières dont plusieurs importantes parcourent Formose alimentées par la quantité formidable de pluies reçues par l'île. Beaucoup sont navigables, non aux bâtiments importants car elles s'envasent et surtout parce que leurs embouchures sont obstruées par des barres jamais draguées, rarement balisées , mais aux jonques et aux sampans qui font un actif trafic, comme partout en Chine, entre les villes que

---

(1) I.H. p. 153

la prospérité agricole de l'île a fait naître nombreuses dans la grande plaine de l'ouest. Dans la partie nord, la plus humide, le pays est trop cahotique pour donner naissance à des rivières d'une longueur et d'un débit importants. On y trouve des sources et des torrents innombrables.

Fertiles alluvions volcaniques , humidité continuelle, chaleur tropicale, ont couvert Formose d'une végétation luxuriante. Tout ce qui n'est pas cultivé, mis en rizières, plants de thé, de cannes à sucres ou de tabac est recouvert d'inextricables fourrés où se pressent toutes les essences des tropiques et elles y atteignent , de l'avis de tous les voyageurs, une taille et une vigueur exceptionnelle.

Côtes et ports .-

Les côtes sont fort régulières : celle de l'ouest basse, sablonneuse, celle de l'est au contraire rocheuse, haute uniforme, sans abri; elle ne présente d'ailleurs aucun intérêt puisqu'elle donne sur une région sans ressources exploitables. Des deux côtés les bons ports font défaut et la navigation est difficile. Les Instructions Nautiques s'expriment ainsi à propos de la cote Ouest : " Côte presque sans aucun point saillant; les buissons et les huttes etant toujours les seuls "objets visibles. Il faut grandement se défier car en dehors "des bancs on rencontre nombre de hauts fonds peu couverts à "marée basse , sur lesquels le courant porte ...... En certains endroits, parfois de grande étendue les navires ne devront pas s'approcher de la côte a moins de 5 à 6 milles". et plus haut : " Des bancs se forment fréquemment le long de la côte Ouest de Formose, la côte y gagne sur la mer avec une "telle rapidité qu'on trouve des hauts fonds là ou la profon- "deur était grande peu d'années auparavant."

Les points de mouillage principaux sont : sur la côte Est la baie de Soueo assez bien abritée , mais très petite; la baie de Lang-Kiao dans le sud; le mouillage forain de Takou qui dessert Taïwan la capitale de l'île et enfin au nord Tamsui et Kelung sur lesquels nous nous arrêterons un peu.

A Tamsui les bâtiments de faible tirant d'eau peuvent s'abriter dans l'embouchure de la rivière mais celle-ci est fermée par une barre difficile sur laquelle une brise, même faible occasionne un ressac terrible, interdisant tout mouvement d'entrée ou de sortie (1). Le mouillage extérieur est presque forain et peu abrité. "L'on doit, disent les I.N. être prêt à appareiller , car si le vent vient à souffler au nord on risquerait d'être porté sur les hauts fonds".

---

(1) - I.N. page 134

La rade de Kelung est plus vaste et mieux disposée. Elle échancre profondément le massif nord de Formose et elle est couverte vers le large par les îles Palm et Bush; malheureusement elle est ouverte au nord et la mousson de NE y soulève une grosse houle qui rend précaire et pénible le mouillage des bâtiments . L'arrière pays est très accidenté (1).

Climat .-

Le climat est régi par la mousson. La mousson de S.W. ou mousson d'été dure trois mois, Juin, juillet, août, apportant avec elle les lourdes pluies tropicales. Pendant qu'elle souffle tout stationnement est interdit aux bâtiments sur la cote ouest de Formose et l'on est toujours sous le coup d'un typhon(2). Dès qu'elle cesse ce sont les tempêtes de N.E. précurseurs de la mousson d'hiver qui s'établit en novembre pour durer jusqu'en avril avec une fixité et une violence remarquable (3). Contrairement à ce qui se passe sur le continent Chinois ou la mousson polaire est sèche, Formose reçoit encore plus de pluies en hiver qu'en été. Le vent a en effet passé sur le Kouro-Sivo qui s'épanouit au nord de l'île après l'avoir entourée, la branche principale longeant la côte Est. Au contact des hautes montagnes de l'île les lourds nuages dont le courant chaud a chargé la mousson se condensent en une pluie continue, fine, pénétrante. Le nord de Formose est une des régions les plus humides du globe.

Population -

Il semble que ce n'est qu'à partir du XVe siècle que les Chinois s'aventurèrent à traverser le détroit et à s'intéresser à la grande terre qu'ils apercevaient de leurs côtes. Peu à peu un mouvement d'immigration s'établit et, plutot par diplomatie que par conquête, les cultivateurs du Fo-Kien s'emparèrent petit à petit, principalement durant la 2e moitié du XVIIe siècle, de toute la riche plaine agricole qui s'étend du rivage aux plateaux de l'intérieur. Ils y introduisirent avec un succès éclatant toutes les cultures du continent et fondèrent de nombreuses villes. Ils ont refoulé vers les hauteurs les premiers habitants de l'île. Une partie de ces derniers, à peu près civilisés à la Chinoise, vit en bons terme avec les envahisseurs et leur sert de garde avancée contre les tribus indépendantes d'origine malaise qui vivent de la chasse aux plus épais des forêts de l'intérieur.

---

(1) -"Rien ne rappelle mieux la Corse que le pays qui environne Kelung" (Rapport de l'amiral Courbet du 18 Octobre 1884).
(2) - I.N. page 177
(3) - Instructions Nautiques n° 316

Ces " Sauvages" sont les ennemis acharnés des Chinois et de tous les étrangers. Les plus connues de leurs tribus sont: celle des Targo qui habitent la région nord et celle des Boutans, la plus redoutée des 16 tribus du S.E; qui se sont confédérées pour mieux résister à leurs ennemis.

Productions .-

La richesse proverbiale de Formose vient toute entière de ses forêts et du merveilleux rendement de l'exploitation agricole.

Le bambou est l'essence la plus répandue et atteint des dimensions inusitées ; il est pour l'indigène l'arbre par excellence et c'est lui qui sert a fabriquer tous les objets domestiques : le papier , les meubles et aussi les maisons. La camphrier a longtemps alimenté un important mouvement d'exportation, mais devant les ravages exercés par des exploitants sans prudence, le gouvernement a du décréter le monopole de l'état sur l'exploitation de ce precieux produit. Le riz, comme en Chine , couvre d'un tapis de verdure claire une grande partie de la plaine alluviale, mais la grande richesse agricole de Formose et le principal article d'exportation lui est fourni par la culture du thé dont les plantations s'étagent sur les versants méridionaux des collines. La qualité en est de tout premier ordre et spécialement estimée en Amérique.

Le XIX° siècle a attiré l'attention sur les ressources du sous-sol qui sont abondantes, surtout dans le massif montagneux et volcanique du nord de l'île ou l'on trouve du soufre en grande quantité et des métaux variés , mais surtout du charbon. On le trouve principalement dans les environs immédiats de Kelung, à 6 kilomètres à l'Est , près du village de Pétao. Il se présente en couches de peu d'épaisseur, superposées dans des lits alternés de grès et de calcaire. Toutes les sortes de charbon s'y rencontrent , de la houille à l'anthracite, mais il est bitumineux, brulant très rapidement et difficilement propre à la chauffe des bâtiments (1).

Histoire .-

Formose a toujours tenté les imaginations et à juste titre. Les Portuguais quand ils la découvrirent au XVII° siècle furent enthousiasmés de la richesse de la terre où ils abordaient et y tentèrent un établissement sans résultat. Il en fut de même des Espagnols. Plus tard les Hollandais y fondèrent une colonie qui fut assez prospère et y construisirent quelques forts dont les ruines attestent encore la solidité.

---

(1) - T.H. page 203.

Ils en furent chassés dans la deuxième partie du XVIIe siècle par le corsaire chinois Koxinga qui s'y tailla une principauté indépendante. Les successeurs de cet extraordinaire aventurier ne surent pas maintenir le royaume qu'il avait fondé et l'île tomba pour deux siècles sous la domination, plutot nominale qu'effective, de la dynastie tartare de Pékin.

Formose ne reparut plus dans l'histoire du monde jusqu'à 1874.

VI - L'EXPEDITION JAPONAISE DE 1874.

Les causes .-

En 1873 cinquante deux pêcheurs japonais des îles Nao-Choo, poussés par la tempête et jetés sur la cote Sud, dans la baie de Lang Kiao furent massacrés par les Boutans.

Le Japon était alors en pleine réforme. La Révolution qui a rendu le pouvoir au Mikado et orienté ce pays, jusqu'alors si fermé, vers une organisation à l'européenne, date de 1869 et ce changement était quatre ans plus tard loin d'être accepté de tous. Une révolte des "Samouraïs" était latente et quand l'ambassadeur japonais à Pékin réclama, avec une certaine hauteur d'ailleurs , et dans des termes qui pour d'autres auraient parus pleins de menaces, le châtiment des coupables, le gouvernement chinois ne put s'imaginer un instant que ses paroles pourraient être suivies d'effet de la part d'un Etat aussi troublé et au demeurant aussi négligeable que le paraissait alors le Japon en face de la Grande Chine.

Son Excellence Soyejima, lorsqu'il avait à Pékin présenté les réclamations du gouvernement du Mikado était accompagné d'un personnage assez curieux, un consul des Etats-Unis à Amoy qu'on appelait le général Legendre (1), et qui en 1867 et en 1872 avait visité Formose. La démarche japonaise reçut une dédaigneuse fin de non recevoir.

"Le Gouvernement Chinois, fut il répondu, n'avait pas "assez d'autorité dans le Sud de l'île pour atteindre et "punir ceux dont on réclamait le châtiment."

A Tokio on envisagea l'opportunité d'éxécuter l'opération de police que la Chine se refusait à accomplir. Des conseils de prudence faisaient hésiter le Mikado : le risque d'une rupture avec la Chine était grave pour le Jeune Empire qu'il avait entrepris d'éduquer suivant les méthodes d'Occident et la nouvelle flotte qui se construisait ne courrait-elle pas de grands dangers dans une expédition contre Formose(2), dans une région ou la navigation est particulièrement périlleuse ? D'autre part le général Legendre qui avait suivi Soyejima et Monsieur de Long ministre des Etats-Unis au Japon poussaient à l'expédition et faisaient remarquer qu'il y avait urgence les côtes Sud de Formose n'étant accessibles que de Février à Mai.

Dans les premiers jours de 1874 l'insurrection des féodaux se produisit; c'était le clan de Saga qui avait commencé le mouvement et plusieurs des provinces voisines semblaient prêtes à y participer. (3)

---

(1)- R.2.M. p.459 ;- (2) - R.2.M. p.457 ;- (3)-R.2.M.p.461 ;

Une descente dans le Sud de Formose fut décidée malgré tous les inconvénients pour donner un emploi à l'ardeur de ce peuple belliqueux et fournir un dérivatif à la surexcitation de l'armée et de la noblesse. Le moyen réussit d'ailleurs parfaitement bien et tous mirent leur enthousiasme à préparer la guerre extérieure qui leur était proposée.

L'opération .-

En mars 1874 l'escadre Japonaise, commandée par des marins européens, partit de Nagasaki pour Formose. Elle se composait d'une canonnière , d'une goëlette de guerre et de trois bâtiments à vapeur portant l'armée d'invasion forte de 3.500 hommes (1).

Ensuite partirent le général Saigo chef de l'expédition, sur le "Delta", et le transport "Shafterbury" emmenant un grand nombre de charpentiers et de forgerons pour construire des baraquements. Sans être inquiétées les troupes débarquent dans la petite baie en croissant et bordée de sable de Lang-Kiao et s'installent sur les hauteurs voisines.

Le 22 Mai, après plusieurs reconnaissances, le général Saigo commence sa marche en avant, fait enlever par une colonne de 200 hommes une vallée encaissée où se produisit une première rencontre dans laquelle les Japonais montrèrent une folle témérité, et installe son camp dans la vallée du Si-hou sur le territoire des Boutans. Les chefs des autres tribus ne tardèrent pas à venir lui apporter leur soumission et l'assurer qu'ils se désolidarisaient de leurs féroces voisins dans leur querelle avec les Japonais.

Le premier juillet trois colonnes , fortes chacune de 300 hommes, exécutèrent un mouvement concentrique sur les dernières positions des Boutans. Ceux-ci résistèrent courageusement avec leurs armes démodées et leurs mauvais fusils à mèche mais là encore, les japonais se ruèrent à l'assaut avec un courage et un mépris du danger qui démoralisèrent les sauvages. Ceux-ci s'enfuirent vers les massifs boisés de l'intérieur où il était impossible aux colonnes de les poursuivre. Ayant alors brûlé un certain nombre de village Boutans, le général Saigo jugeant sa tâche accomplie regagna son camp et s'installa là. Quelques routes furent tracées et une charmante petite ville japonaise s'éleva dans la baie de Lang-Kiao(2).

Accord Sino-Japonais .-

Jusque là le gouvernement Chinois n'avait pas donné signe de vie; il semble avoir été frappé de stupeur devant les opérations japonaises. Mais lorsqu'on s'aperçut que, les combats terminés, les Japonais restaient sans avoir l'air de penser à évacuer Formose, l'émotion fut grande en Chine et des préparatifs belliqueux y furent commencés. On envoya même

---

(1) - R.E.M. page 463

(2) - I.E. page 136

dans le nord et dans l'ouest de l'île un renfort de 8 à 10000 hommes, composé il est vrai de recrues mal entraînées et mal armées (1).

Puis vinrent les pourparlers. Au fond les Chinois niaient aux Japonais le droit d'intervenir dans une de leurs colonies mais ils n'étaient pas pressés de le déclarer afin de laisser ceux-ci opérer eux mêmes une coûteuse et difficile mission de police (2). Ils voulaient seulement éviter une installation durable. Pour la montre, on envoya en grande pompe une Commission spéciale à Formose , conférer avec le général Saigo en vue de l'évacuation. Mais les véritables pourparlers eurent lieu à Pékin entre Okoubo et le gouvernement Chinois, facilités par la médiation du ministre Anglais qui prêchait la prudence au gouvernement japonais.

Le 31 Octobre 1874 une convention fut conclue dans laquelle la Chine réussissait à "Sauver la face" : L'opération était considérée comme une simple opération de police dont la Chine rembourserait les frais au Japon (3). Des indemnités étaient de plus accordées aux familles des pêcheurs massacrés.

Aussitôt la convention ratifiée et éxécutée du coté Chinois les troupes japonaises qui avaient d'ailleurs été fortement éprouvées par le climat (le général Seigo fut le seul officier de l'expédition qui ne fut pas touché par les fièvres (4)) se rembarquèrent à destination du Japon (3 Décembre 1874).

---

(1) - I.H. page 139
(2) - R.P.M. Page 465
(3) - I.H. page 139
(4) - I.H. page 140

III - LES FRANCAIS à FORMOSE .

Le Conflit franco-chinois .-

Après la mort d'Henri Rivière (19 mai 1883) l'action de la France au Tonkin, jusque là timide et sans esprit de suite, prend un tout autre caractère. Toutes nos difficultés venaient de ce que le traité de 1874 n'avait pas nettement spécifié la fin de la suzeraineté Chinoise sur l'Empire d'Annam. On se décide alors à une action sérieuse et ce sont les opérations de l'amiral Courbet contre les forts de Thuan-An(1) suivies le 25 août 1883 du traité de Hué proclamant le protectorat de la France sur l'Annam et le Tonkin. Mais la Chine ne veut pas reconnaître le traité signé par son vassal et continue à soutenir de ses armes , de ses soldats et de son argent les Pavillons noirs que nous nous sommes engagés à combattre et à chasser du Delta au lieu et place de l'Empereur d'Annam. Le conflit devient franco-chinois, mais par une fiction diplomatique, qui pèsera longtemps sur la conduite des opérations, le gouvernement français extrêmement soucieux de ménager les intérêts des neutres ne crut pas devoir déclarer officiellement la guerre. Ce fut donc contre les Pavillons Noirs que l'Amiral Courbet , commandant par intérim les forces françaises du Tonkin, remporta la glorieuse victoire de Sontay.(2)

De son côté la Chine paraissait ne pas vouloir pousser les choses à l'extrême; des négociations secrètes furent engagées qui eurent pour conclusion la convention signée à Tientsin le 11 mai 1884 en vue de l'établissement d'une paix prochaine.

La satisfaction du gouvernement français en fut très vive et des mesures immédiates furent prises pour diminuer les effectifs au Tonkin et réduire l nombre des navires de la divison des mers de Chine et de la division de l'Amiral Courbet.

On avait compté sans la mauvaise foi habituelle de nos adversaires. Le 26 Juin 1884 eut lieu l'incident connu sous le nom de guet-apens de Bac-Lé. Le gouvernement français adressa aussitôt à la Chine un ultimatum expirant le 31 Juillet auquel le gouvernement chinois ne donna pas satisfaction.

Le premier acte d'hostilité qui s'ensuivit eut lieu contre Kelung. Refusant d'autoriser l'amiral Courbet, mouillé dans la rivière Min a ouvrir immédiatement les hostilités et après avoir détruit l'arsenal de Foutchéou, a porter aussitôt un autre coup à la Chine dans des régions plus proches de sa capitale , le Gouvernement donne l'ordre d'envoyer le "la Galissonnière"(3) cuirassé portant le pavillon du contre-Amiral Lespès (4) et une canonnière

---

(1) - 18-20 août 1883 - (2) 14 décembre 1883

(3) -"La Galissonnière" cuirassé de croisière 500 ch.12 canons

(4)-Contre-amiral,C.E.C. la Div. des Mers de Chine le 7 Mars 1884. Placé sous l'autorité de l'Al. Courbet fin Juin 1884

"détruire les batteries de Kelung et y occuper les charbonnages". La politique des gages était inaugurée.

Cette idée qu'il fallait prendre des gages était alors profondément ancrée dans les esprits. Nous demandions une indemnité à la Chine qui se refusait à nous l'accorder, il était séduisant de se payer soi-même en occupant un territoire productif et d'attendre ainsi que le Céleste Empire reconnaisse notre bon droit. Kelung était le gage que l'on croyait le plus favorable. Monsieur Jules Ferry avait choisi ce point comme devant être très utile à nos bâtiments comme base de charbonnage; il y avait le précédent de l'expédition japonaise qui avait attiré l'attention sur la possibilité d'une opération contre Formose en cas de conflit avec la Chine, de plus l'Amiral Lespès l'avait plusieurs fois conseillée au printemps précédent (1) lorsque, après avoir envoyé le "Volta"(2) faire une reconnaissance à Kelung, il examinait la conduite à tenir en cas de rupture avec la Chine (3) Aussi, dans un discours à la Chambre, le ministre déclarait le 26 Novembre qu'"entre tous les gages celui de Formose était le mieux choisi le plus facile et le moins couteux à garder."

Première tentative à Kelung .-

Par malheur lorsque l'amiral Lespès arriva le 4 août 1884 sur rade de Kelung avec la " Galissonnière " et le "Lutin"(4) la situation avait changé depuis le mois de Mai. Depuis plusieurs mois cette idée d'une opération contre Kelung était dans l'air , nos bâtiments y avaient paru plusieurs fois et le croiseur "Villars"(5) y stationnait depuis 15 Jours. Les Chinois avaient eu tout le temps d'amener des troupes en nombre important.

Aussitôt mouillé l'amiral Lespès envoie un ultimatum qui reste sans réponse. Le 5 août à 8 h. du matin il ouvre le feu avec ses trois bâtiments audacieusement mouillés tout près de terre , en des endroits judicieusement choisis et à 9 h. les forts sont démolis et abandonnés par leurs défenseurs.

Les compagnies de débarquement , fortes de 200 hommes, sont aussitôt mises à terre sous le Commandement du Capitaine de Frégate Martin. Elles font sauter les canons des forts puis les crêtes qui dominent la rade se garnissant de soldats chinois, les enchassent et y installent leur campement pour la nuit. Celle-ci est mauvaise, il pleut à torrents. Le lendemain les Chinois reviennent innombrables, 2 ou 3000 hommes,

---

(1) - Lettres du 16 et 17 avril 1884, 20 mai 1884.
(2) - "Volta" croiseur de 3e classe - 250 ch. 6 canons
(3) - [illegible] Page [illegible]
(4) - Lutin , canonnière - 100 ch. 3 canons
(5) - "Villars" Croiseur de 1e classe - 650 ch. - 15 canons

et menacent de couper de la mer la poignée d'hommes du Commandant Martin; celui-ci est obligé d'ordonner la retraite et doit se rembarquer en laissant l'ennemi maitre du terrain et d'une partie de notre matériel.

Dès le lendemain les Chinois se mettent à fortifier toutes les crêtes et quand, après être sorti victorieux de la rivière Min, l'Amiral Courbet a qui le Ministre a prescrit de réparer cet insuccès, vient le 2 Septembre se rendre compte par lui-même de la situation il rend compte à Paris : "Impossible de rien tenter sans un régiment de débarquement et même alors une expédition sera très difficile car le terrain est très montagneux et très boisé." Il indique ensuite que, même en cas de résussite , cette opération lui parait peu avantageuse et qu'il lui parait bien préférable d'agir dans le nord , plus près de Pékin (1).

Mais le gouvernement tient à son idée et le 24 Octobre le Président du Conseil déclare : " La destruction par l'amiral Courbet de l'escadre et de l'arsenal de Foutcheou est un châtiment. Nous voulons quelque chose de plus et nous saisir d'un gage; non pas pour amener une capitulation mais pour faire payer l'indemnité avec la patience et l'aide du temps."

La prise de Kelung .-

N'ayant pu faire prévaloir son opinion sur la conduite de la guerre , l'Amiral Courbet éxécute l'opération qui lui a été prescrite par télégramme du 18 Septembre. Il arrive à Kelung le 30 Septembre avec le " Bayard" (2), le "Lutin" et les transports "Nive","Tarn" et "Drac" amenant un régiment d'infanterie de marine (1800 hommes), une batterie de 4 de montagne et une section de 80 m/m de montagne. Sur rade se trouvaient déjà la "Saône" le "Chateau Renaud" (3) et le "Duguay Trouin"(4). Depuis l'échec du mois d'août la rade avait d'ailleurs été toujours occupée par nos bâtiments pour bien montrer que si les opérations à terre avaient mal réussi nous restions maîtres d'interdire la remise en état des forts et de nous servir de la rade à notre convenance.

Aussitôt arrivé l'amiral Courbet met son pavillon sur le "Lutin" et en compagnie du Colonel Bertaud Levillain, de l'infanterie de marine, qui exerce le commandement supérieur des troupes , il fait une reconnaissance minutieuse du port et de ses environs. Le soir toutes les instructions sont données pour le débarquement qui s'éxécute le lendemain le 1er Octobre.

---

(1)- J. Page 29

(2) - "Bayard" cuirassé de croisière - 825 ch. 12 canons Pavillon de l'Amiral Courbet.

(3) - "Chateau Renault" Croiseur de 2e classe - 450 ch. - 7 canons.

(4) - "Duguay Trouin" croiseur de 1e classe - 875 ch. 11 canons

Les Chinois occupaient très fortement les crêtes du Sud et les hauteurs du Sud Ouest qui dominent la route de Tamsui. Le plan de l'Amiral était de s'emparer du Mont Clément, montagne isolée , située à l'ouest de la rade et dominant une grande partie des ouvrages chinois. Les troupes aidées dans leur marche par l'artillerie des bâtiments suivraient ensuite la ligne des crêtes en en chassant les Chinois (1). L'attaque bien conçue, bien préparée, bien menée, réussit parfaitement, les objectifs furent atteints le 2 Octobre. Le 4, les compagnies de débarquement des bâtiments complètent l'occupation de la première ligne de crêtes. Les Chinois étaient chassés de la ville et des hauteurs dominant immédiatement la rade mais nous avions juste le monde suffisant pour occuper le terrain conquis et l'ennemi, retranché de nouveau sur la 2ème ligne de crêtes dominant la première , nous bloquait sans qu'il nous fut possible de réunir l'effectif suffisant pour songer à l'attaquer et à nous étendre. On était encore loin des charbonnages dont nous séparaient trois lignes de hauteurs.

Heureusement si l'ennemi était innombrable il était peu agressif et les opérations devant forcément , faute de monde, subir un temps d'arrêt, on n'avait plus qu'à s'installer. C'est ce que fit le petit corps expéditionnaire pendant les semaines qui suivirent. La vie ne tarda pas à lui devenir très pénible par suite des violentes pluies quotidiennes qui se mirent presqu'aussitôt à tomber.

L'échec de Tamsui .-(2)

Il n'avait pas échappé à l'amiral Courbet que tant qu'il laisserait l'ennemi libre de se renforcer la situation à Kelung serait sans issue. Or depuis plusieurs mois que nous portions notre attention sur la région des charbonnages que nos bâtiments surveillaient sans interruption, les Chinois avaient pris l'habitude de débarquer leurs renforts et leur matériel à Tamsui. Tant que ce port, situé à une quarantaine de kilomètres et communiquant aisément avec Kelung par un système de vallées qu'emprunte une route relativement facile, ne serait pas fermé les Chinois pourraient à leur aise nous opposer des effectifs grandissant et nous nous battions déjà à 1 contre 4 .

L'Amiral Courbet voulait une surveillance étroite et tandis qu'il menait lui même l'attaque de Kelung il envoyait à Tamsui l'amiral Lespès avec le la"Galissonnière", la "Triomphante"(3) et le d'Estanig"(4) et lui donnait pour

---

(1) - 9. Page 43
(2) - [illegible] page 18 et 39
(3) - La "Triomphante" cuirassé de croisière - 575 ch. 13 canons.
(4) - Le d'Estanig" croiseur de 1° classe - 550 ch. 15 canons

mission : " de détruire les fortifications et d'occuper en toute sécurité le mouillage de Tamsui avec de petits bâtiments (1)" Le séjour de grands bâtiments est en effet très difficile devant Tamsui ou le mouillage est détestable; il fallait pouvoir entrer dans la rivière avec des canonnières pour trouver un abri convenable. Mais depuis que nous avions des bâtiments devant Kelung les Chinois avaient fortifié Tamsui, mettant les forts en état, les garnissant d'une importante garnison et des reconnaissances du "Lutin" le 3 Septembre, de la "Vipère" le 26 avaient permis de se rendre compte qu'un barrage avec obstructions et torpilles fermait la rivière.

Nos bâtiments arrivèrent devant la ville le 1er Octobre et l'Amiral signala aussitôt qu'il commencerait le bombardement dans les 24 heures, donnant ainsi aux Européens le temps de se mettre à l'abri. Du mouillage l'amiral Lespès aperçoit à l'entrée de la rivière une colline basse dont le pied baigne dans la mer, derrière se profilent de hautes montagnes, devant un camp retranché et 2 forts garnis de troupes. Le temps est beau et la division passe la nuit au mouillage. Mal lui en prit : le 2 , les Chinois n'attendent pas l'heure qui leur a été signalée pour l'ouverture du feu et, profitant de l'avantage de la lumière, bombardent nos bâtiments surpris en train de faire le lavage (2); pendant près d'une heure ceux-ci ne peuvent riposter que par un tir absolument inefficace.

La situation s'améliore pour nous à mesure que l'heure s'avance et après quatre heures de canonnade les forts sont enfin réduits au silence. Des embarcations vont ensuite s'assurer de la présence de torpilles électriques dont la destruction est décidée par l'occupation du poste d'inflammation; un débarquement était donc nécessaire pour lequel l'amiral Lespès demande des renforts à Kelung , si possible un bataillon d'infanterie car il n'a que peu de confiance dans les opérations tentées par des marins à terre. Courbet ne croit pas possible de se démunir d'un de ses bataillons et envoie le " Duguay Trouin" et le "Chateau Renaud" avec, en plus , la Compagnie de débarquement du "Bayard".

Cela forme un effectif de 600 marins réunis le 5 Octobre au soir. Le 6 et 7 le temps est devenu mauvais, la houle bat en côte et tout débarquement est impossible. Le 8 au matin enfin les Compagnies sont mises à terre vers 9 h.30 sous le Commandement du C.F. Boulineau du "Chateau Renaud" remplaçant le Ct Martin, primitivement désigné et malade ce jour là.

Contrairement aux indications de l'Amiral Lespès, au lieu de se diriger vers le Fort Rouge, dont les pentes dénudées auraient permis une bonne cohésion , et de là descendre par le

---

(1) - G. Page 40

(2) - M.L. page 195

fort Blanc vers le poste d'inflammation, le corps de débarquement s'enfonce droit dans les taillis pour aller au plus court. Le combat ne tarde pas à s'engager dans ce terrain particulièrement favorable à nos adversaires qui le connaissent et sont très supérieurs en nombre. Toute liaison ne tarde pas a être rompue entre les différentes compagnies et nos marins , énervés, insuffisamment rompus à la discipline du feu gaspillent leurs munitions (1). C'est le moment que choisissent les Chinois pour descendre en grand nombre de leur camp retranché et tourner les notres. C'est la retraite obligée qui s'éxécute à peu près en bon ordre mais non sans pertes sérieuses ; à midi trente toutes les compagnies sont à la plage et se rembarquent non sans difficultés car la houle s'est levée. Heureusement le Commandant de la "Vipère a l'inspiration et l'audace de venir se placer à toucher terre près des embarcations et empêche par son feu tout mouvement offensif des Chinois qui aurait changé cet échec en désastre. Nous avions eu 55 tués ou blessés dont 5 officiers.

Le blocus de Formose .-

N'ayant pu , comme il l'aurait voulu, fermer hermétiquement le port de Tamsui, l'Amiral Courbet déclare le 30 Octobre le blocus des côtes ouest et nord de Formose . Par suite des exigences politiques , qui font que nous n'avons pas déclaré la guerre à la Chine, c'est un"blocus pacifique", n'autorisant pas la visite en haute mer, seule efficace, mais permettant seulement d'interdire les approches de l'île jusqu'à 5 milles au large. En dedans de cette limite les bloqueurs " avaient le droit de visiter les navires neutres, de les repousser même par la force, ils pouvaient les saisir après une première notification spéciale, mais en dehors de cette limite ils n'avaient aucun des droits que confererait l'état de guerre " (Intructions de l'Amiral Courbet du 22 Novembre 1884.)

La zône à surveiller fut divisée en croisière nord et croisière sud, la première forte de 6 bâtiments, la seconde de [illegible]. Ce blocus fut très dur pour nos bâtiments exposés à la mousson de N.E. qui soufflait très fraiche et sans interruption. Ils n'avaient aucun port pour s'abriter sauf Kelung, ouvert au nord, ou la houle entrait et rendait le mouillage pénible et sans sécurité. Tous les bâtiments y cassaient leurs chaines , y perdaient leurs ancres en telle quantité que chaque courrier de France dut amener des rechanges (2).

---

(1) - G. page 55 et 56

(2) - [illegible].L. page 217 et 39.

la pluie, la brume, les coups de vent, la mer énorme dans laquelle il fallait marcher vite vue l'urgence continuelle des missions, éprouvaient nos malheureux croiseurs dont les équipages fatigués par de longs mois de campagne souffraient du manque de vivres frais et de la nourriture composée uniquement de conserves.

L'escadre de Formose n'avait même pas la consolation de voir ses efforts récompensés. Ce blocus à mailles si vastes (il aurait nécessité 40 bâtiments , écrivait l'amiral Courbet)(1) rendu encore plus précaire par les difficultés de la navigation, était à peu près inefficace. On a estimé que de Septembre à janvier les Chinois avaient réussi à faire passer à Formose près de 25.000 hommes (2). Ces renforts étaient amenés par des navires neutres qui se servaient des Pescadores comme relai, d'où à la faveur de la courte distance et des renseignements donnés par les riverains sur la position de nos bâtiments, des jonques transportaient de nuit les troupes par petits paquets sur des points variés de la côte. Faute d'abris ou les mettre et ou loger les prisonniers la capture des jonques qui aurait pu être fréquente était sans profit.

Le seul réconfort venait à nos marins des courriers de France dont l'arrivée fut organisée de façon parfaite grâce à l'Amiral Courbet et surtout à l'inaltérable confiance que tous avaient dans ce chef admirable dont l'exemple et le stoïque courage faisaient tout supporter à ceux qui étaient si fiers d'être commandés par lui (3).

Les opérations devant Kelung.

A Kelung après les premiers travaux d'installation les opérations furent reprises. D'abord le 2 Novembre, il fallut repousser une tentative Chinoise. Le 13 et le 14 novembre un engagement assez important, gêné par une pluie torrentielle, nous permit de mettre les Chinois en fuite, d'améliorer nos lignes. Nous sommes maintenant à 500 mètres de l'ennemi qui heureusement n'a pas d'artillerie et la fusillade devient quotidienne. Ce ne sont , d'ailleurs, pas tant les Chinois qui préoccupent le Commandement, que l'état sanitaire devenu détestable. Un tiers de l'effectif est hors de service terrassé par le choléra et on voit venir le moment ou, non seulement on ne pourra rien tenter, mais on aura de la peine à conserver les positions occupées. L'Amiral Courbet demande des renforts en France et en Indo-Chine; il voudrait pouvoir réparer le retentissant échec de Tamsui en occupant ce port par une opération de terre venant de Kelung (4). On ne lui accorda que les troupes nécessaires

---

(1) - G. p.60 en note
(2) - M.L. page 237
(3) - M.L. page 242
(4) - télégramme du 11 novembre 1884

pour lui rendre l'effectif de combattants indispensable à l'élargissement de nos lignes et à l'occupation des mines. Ces renforts arrivèrent en fin janvier , peu après le Colonel Duchesne qui venait prendre le Commandement du Corps expéditionnaire.

Jusque là nous avions vu les Chinois toujours plus nombreux travailler avec acharnement à l'investissement de nos lignes. Quelques reconnaissances avaient été organisées pour détruire les ouvrages qu'ils élevaient; la plus importante fut celle du 11 décembre. Par suite de la pénurie d'effectifs on dut rapidement renoncer à ces expéditions très pénibles pour les troupes et qui se bornaient à bouleverser les travaux d'un ennemi qui revenait aussitôt les recommencer.

On acheva alors de s'organiser, une direction du port fut installée, un dépôt de charbon constitué et surtout des mesures sanitaires prises,(telles que l'assainissement de la ville et l'organisation d'un hopital) qui permirent de lutter avec efficacité contre la "fièvre algide", nom donné par les médecins à la forme de choléra qui décimait nos troupes.

Aussitôt que les renforts (1) furent arrivés , le Colonel Duchesne entreprit les 25,26,27 et 28 Janvier une opération d'ensemble destinée à élargir nos positions et a nous ouvrir le chemin des fameux charbonnages. Une fois encore des pluies diluviennes et froides détrempèrent le terrain, transformant les étroites pistes abruptes par lesquelles il fallait cheminer en torrents. C'était dans un pied de boue que nos soldats bivouaquaient pour la nuit.

On ne put obtenir tout le succès que l'on espérait de cette attaque ou cependant nos soldats avaient combattu avec un courage et une énergie admirables. Il est vrai que les Chinois avaient opposé une résistance acharnée et s'étaient battu jusqu'à la dernière extrémité : "l'assaut seul peut avoir raison de leur opiniatreté" ecrivit le colonel Bertaux Levillain dans son rapport

Malgré tout nous avions conquis l'aisance des coudes et l'éloignement de l'ennemi permit de prendre de nouvelles mesures d'assainissement et d'améliorer sensiblement la situation matérielle des troupes en les installant dans des cantonnements mieux aménagés.

Changement de politique .-

A cette époque le Gouvernement se rendit compte que l'on s'était fourvoyé en entreprenant cette expédition de Formose qui pour être menée a bien nécessiterait des troupes relativement importantes./ Elle était sans résultats possibles sur l'état d'esprit du Gouvernement Chinois qui ne prenait tant de soins pour nous y résister que dans le but de nous fixer sur cet objectif. On décida à Paris l'évacuation de Kelung.

---

(1) - 3° bataillon d'Afrique et 4° bataillon du 2° Etranger.

L'Amiral Courbet du faire remarquer que cet abandon serait à ce moment d'un effet déplorable et que, d'ailleurs, tant que durerait la mousson de N.E. l'opération était pratiquement impossible (1). Il fut donc résolu que l'on maintiendrait l'occupation avec les troupes actuelles jusqu'au mois d'Avril. "D'ici là faites ce que vous jugerez possible avec les troupes dont vous disposez" télégraphie le ministre à l'Amiral le 11 février 1885.

En même temps l'Amiral Courbet recevait enfin mission d'agir dans le Nord et laissant le blocus de Formose à la direction de l'Amiral Lespès il part à la recherche de l'escadre chinoise dont il détruit une partie à Shei-po (15 février 1885) et bloque le reste à Ning-Po; puis le 26 Février établit le "blocus du riz" avec lequel nous exerçons enfin cette action directe sur le Gouvernement Chinois que depuis le premier jour l'Amiral n'a cessé de réclamer.

Pendant ce temps à Kelung on était toujours immobilisé par les pluies."Du 26 Janvier au 3 mars , écrit le Capitaine Garnot, pendant 37 jours , le soleil ne fit aucune apparition et pendant toute cette période la pluie tomba avec une régularité désespérante détrempant les chemins au point de les rendre impraticables et empêchant d'une manière absolue la reprise des opérations (2)".

A la première éclaircie une action en force (12 à 1300 hommes) bien organisée et bien menée, réussit grâce en particulier à l'intrépidité du bataillon d'Afrique, à chasser les Chinois 8 fois supérieurs en nombre , de leurs positions cependant très fortement organisées. Kelung était débloqué, la route des fameux charbonnages conquise et les Chinois en déroute rejetés sur la route de Tamsui; on ne pouvait faute d'effectifs suffisants compléter la victoire en les poursuivant(3). On s'organisa donc défensivement et les travaux des Chinois furent retournés et complétés, l'ennemi rejeté hors des vues de Kelung désormais à l'abri de toutes leurs entreprises derrière 3 lignes de solides ouvrages se flanquant mutuellement. Mais l'occupation de ces lignes étendues absorba la presque totalité des 2 bataillons de renfort arrivés en janvier. On ne pouvait plus reprendre l'offensive. "A Kelung nous continuons de piétiner sur place" écrit l'Amiral Courbet le 15 mars.

Cependant le gouvernement, toujours décidé à évacuer Formose dans un délai rapproché, autorisa l'Amiral à occuper les Pescadores afin que ses bâtiments trouvent enfin une base d'opération et de ravitaillement dans un mouillage abrité et aussi afin de ne pas avoir l'air de reculer à Formose sans la compensation d'un succès et la prise d'un gage équivalent.

---

(1) - J. page 34
(2) - G. page 3
(3) - J. page 170

Les Pescadores furent occupées les 29,30 et 31 mars (1) par une opération préparée avec un soin minutieux par l'Amiral Courbet et son Etat-Major. On n'eut pas à vaincre de resistances sérieuses, mais c'est beaucoup à la soudaineté, à la précision avec lesquelles l'affaire fut menée et aussi aux précautions prises, qu'il faut attribuer la facilité et la plénitude du succès.

On commença aussitôt à évacuer sur Makung le matériel et les approvisionnements qui peu à peu s'étaient entassés à Kelung et cela d'autant plus facilement que l'Amiral Courbet séduit par les avantages de la situation des Pescadores "le Malte de l'Extrême Orient "(2) fit de son mieux pour que cette merveilleuse position stratégique soit conservée par la France après les hostilités (3).

L'armistice franco-chinois .-

Brusquement les évènements politiques se précipitèrent : La France renonça à toute demande d'indemnité et les pourparlers d'armistice furent repris sur la base de la ratification pure et simple de la convention de Tien-Tsin. Puis ce fut la malheureuse affaire de Lang-Son (4) qui motiva l'ordre télégraphique d'évacuer Formose et d'envoyer la plus grande partie des troupes d'occupation au Tonkin; enfin le 7 avril contre-ordre d'arrêter le mouvement; les négociations aboutissant on ne voulait pas lâcher le "gage avant la signature.

L'armistice fut signé le 4 avril, les hostilités devaient cesser le 15 chacun restant sur ses positions; le blocus de Formose fut donc levé à cette date.

Quand le 9 Juin la paix fut signée, tout le matériel avait déjà été évacué de Kelung soit sur les Pescadores, soit sur l'Indo-Chine, soit sur la France et il ne resta plus à l'Amiral Lespès (qui venait de recueillir le dernier soupir de l'Amiral Courbet (11 Juin 1885) qu'à organiser l'évacuation des troupes. Ce mouvement se fit en trois jours avec beaucoup d'ordre et de dignité (5) et ce fut le 21 Juin 1885 à midi que le Colonel Duchesne fit amener le pavillon tricolore, salué de 21 coups de canon par le "la Galissonnière".

---

(1) - M.L. page 291 et suivantes
(2) - Henri Cordier
(3) - J. Page 35
(4) - 27 Mars 1885
(5) - G. Page 285 et suivantes

IV - LA CONQUÊTE JAPONAISE.

Le traité de Simonoseki et Formose.-

Dix ans plus tard la Chine perdit définitivement Formose. Elle fut cédée au Japon par le traité de Simonosaki qui mit fin à la guerre Sino-Japonaise, mais déjà l'Amiral Ito s'était emparé des Pescadores. Il est probable que le gouvernement japonais pensait à une conquête de l'île quand l'armistice du 30 mars 1895 vint arrêter les hostilités. Ce fut en partie en vue de cette expédition, en partie comme poste d'observation contre les quelques mauvais bâtiments de guerre restant à la Chine à Foutcheou et à Canton, que la prise de Ponghou fut décidée (1). On y consacra trois mille hommes et 11 bâtiments de guerre. Makung fut pris le 23 mars 1895(2).

Si le traité du 17 avril 1895 donnait Formose aux Japonais, l'occupation nécessitait une campagne. Depuis le 8 Mai le gouvernement de Pékin s'était désintéressé de l'île, seulement la population Chinoise ne voulait pas changer de maîtres et elle se souleva en s'appuyant sur une force assez effective : les anciens Pavillons Noirs venus du Fo-Kien et du Kouang-toung. Il y eut même un essai de République tenté par les Anciens fonctionnaires Chinois (3); cette République fut éphémère : au bout de 10 jours les Chefs prenaient la fuite en emportant la caisse !

La conquête de Formose .-

Nous manquons de renseignements sur la façon dont les Japonais conçurent l'opération et les dispositions qu'ils jugèrent devoir adopter. Ils ont gardé sur leurs intentions le plus complet silence. Il est patent cependant, à la manière dont se sont déroulés les évènements, qu'ils tinrent le plus grand compte des enseignements de l'expédition française. Ils avaient suivi notre action avec le plus grand soin et un amical intérêt proposant même au gouvernement français une aide militaire, proposition qui avait été écartée(4). Aussi, forts de notre expérience ils consacrèrent à la conquête de Formose des effectifs importants et ce fut la division de la garde qui n'avait pas été employée pendant la guerre, qui fut chargée de l'opération.

Le 3 Juin pendant que les croiseurs de l'Amiral Ito établissaient une surveillance étroite dans le canal de Formose pour prévenir l'arrivée de renforts venant du continent, les troupes japonaises débarquaient dans le nord de l'Ile

---

(1) - C. page 273 (2) - R.C. Page 255
(3) - R.C. Page 256 (4) - S.r page 383

et le même jour s'emparaient de Kelung. Grace à l'importance du corps d'invasion, ils pouvaient se mettre immédiatement en marche vers Tamsui et Taïpeï où ils n'arrivèrent qu'après de violents combats. A Taï peï l'armée s'organisa, puis suivant la grande route de Taïwan s'avança par petites étapes vers le Sud. Le 25 aout la garde japonaise se trouva en présence du gros des insurgés fortement retranchés près de Tchang-hoa, derrière un fleuve important, le Tatoki. Les Japonais employèrent la manoeuvre qui réussit toujours avec les Chinois. Pendant qu'ils les fixaient par une violente attaque d'artillerie, une forte colonne les tournait par l'Est et attaquait les retranchements par derrière (1). En quelques heures les Pavillons Noirs étaient en pleine déroute.

Restait à conquérir la grande plaine du Sud-Ouest et cela n'allait pas sans difficultés dans un pays aussi vaste et couvert de rizières détrempées ou n'existaient que d'étroits chemins. Pour hâter la soumission des derniers insurgés l'Etat-Major japonais résolut de faire appel a une deuxième division déjà concentrée à Ponghou, de la débarquer dans le Sud de l'île d'ou elle s'avancerait à la rencontre des troupes, du général Takashima, prenant ainsi les rebelles entre deux feux.

Ce plan fut ponctuellement éxécuté. Une brigade fut débarquer vers Men Kiang, une autre à Takou(2). Vers la fin de Septembre commença une marche concentrique vers Taïwan la capitale, dont les insurgés occupaient la plaine. Effectuée avec lenteur et méthode l'opération eut un succès complet. Vers le milieu de novembre les Pavillons Noirs étaient acculés aux marais qui entourent la ville et ceux qui ne furent pas noyés furent faits prisonniers.

Formose était conquise (21 novembre 1895)

L'organisation commença aussitot avec l'esprit méthodique que les Japonais apportent à tout. Ils ont construit des routes des chemins de fer. Mais ils ont gardé longtemps des effectifs importants (3 brigades mixtes) pour occuper les points stratégiques principaux.(3)

---

(1) - S. page 275
(2) - S. page 277
(3) - S. page 278

C O N C L U S I O N S .

Nous avonsretracé brièvement l'histoire de trois expéditions qui se sont succédées en 20 ans sur la terre de Formose. Elles eurent lieu dans les circonstances très différentes et n'ont guère de commun que le nom de l'île où elles eurent lieu.

La première n'était qu'une opération de police contre des tribus sauvages mal armées , mal organisées. Le gouvernement japonais bénéficiant du concours d'un agent de renseignements au fait du pays et du climat sut choisir l'époque et le lieu du débarquement et ne craignit pas de consacrer à l'expédition des effectifs relativement importants avec tous les moyens nécessaires à la vie matérielle des troupes. Le Général Saigo réussit pleinement à remplir sa mission.

L'expédition française offre un toutautre caractère. Le terrain était très difficile , les effectifs , très maigres , l'ennemi nombreux et bien armé. Les renseignements étaient vagues et incomplets. On se trompa sur l'objectif , Kelung pris , on était encore loin des charbonnages convoités ; on se trompa aussi sur le nombre et la valeur des troupes chinoises ; dans chacun de ses rapports le Colonel Bertaux-Levillain signale qu'il s'est heurté à une résistance plus forte que celle qu'il escomptait.

Enfin la Chine qui disposait de nombreuses troupes avait les mains libres , tout en continuant la guerre du Tonkin , pour opposer de gros effectifs à l'unique régiment de Kelung. L'échec de Tamsui , les difficultés du blocus permirent l'arrivée de renforts continuels à nos adversaires.

La réussite de l'opération nécessitait la maitrise du massif nord de Formose et nous n'en avons jamais conquis qu'une portion après six mois d'efforts et de durs combats. L'occupation de tout le massif était un objectif dépassant avec une telle évidence les possibilités des moyens mis à la disposition de l'Amiral Courbet que l'on peut penser que jamais le gouvernement français ne lui aurait imposé cette opération si une telle situation avait été connue à Paris.

En Mars 1895 nous voyons les Japonais préparer une, puis deux divisions pour opérer la conquête de Formose quoique la Chine soit épuisée par une guerre qui a usé.

toutes ses armées en Mandchourie et ne puisse pas opposer de réguliers à l'armée d'invasion. Inutile d'ajouter que le Japon possédait tous les renseignements possibles sur l'état où se trouvait Formose et n'y manquait pas d'intelligences.

Les effectifs dont dispose le Général Takashima lui permettent de manoeuvrer et en six semaines , de porter un coup décisif à ses adversaires , cependant que l'Amiral Ito s'est emparé des Pescadores et exerce par ses croiseurs une surveillnce étroite dans lecanaldde Formose.

Nous conclurons donc de ces trois expériences que pour ces expéditions lointaines , livrées à elles-mêmes et qui ne peuvent être difficilement reprises lorsqu'elles sont mal engagées :

I°/ Il est nécessaire de s'assurer des renseignements complets et précis;

2°/ Qu'il ne faut pas sous-estimer son adversaire;

3°/ Il importe de ne déclancher l'opération qu'après une préparation minutieuse des troupes , des armes et des services. Là , plus qu'ailleurs il faut chercher à s'assurer de moyens importants pour faire face à des imprévus toujours à craindre .

Enfin , des opérations contre Kelung et Tamsui au mois d'Octobre I885 , nous retirerons l'enseignement que lors d'un débarquement;il faut mettre à terre des formations cohérentes,très fortement encadrées et commandées,avec un plan de manoeuvre détaillé et précis et surtout que,la surprise y étant d'un intérêt primordial , rien n'est plus à rechercher que la rapidité de la mise à terre et de l'attaque des troupes .

Formose

Carte N°1

Tamsui

Carte N°2

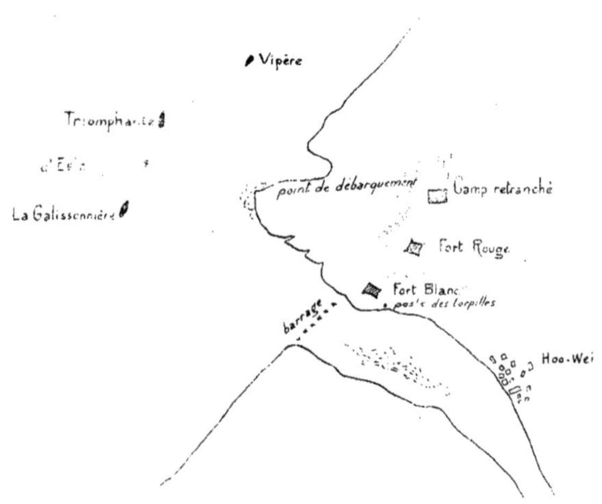

www.ingramcontent.com/pod-product-compliance
Ingram Content Group UK Ltd.
Pitfield, Milton Keynes, MK11 3LW, UK
UKHW021932190726
13853UKWH00002B/992